Para:

De:

TÍTULO ORIGINAL *Mi mamá: la mejor*
© 2017 V&R Editoras
© 2017 Vergara & Riba Editoras S.A.

EDIÇÃO Fabrício Valério
EDITORA-ASSISTENTE Natália Chagas Máximo
REVISÃO Maria Alice Gonçalves
DIREÇÃO DE ARTE Ana Solt
DIAGRAMAÇÃO Juliana Pellegrini
CAPA E DESIGN María Natalia Martínez

Dados Internacionais de Catalogação na Publicação (CIP)
(Câmara Brasileira do Livro, SP, Brasil)

Martínez, María Natalia
Minha mãe é a melhor / María Natalia Martínez; tradução
Natália Chagas Máximo. – São Paulo: V&R Editoras, 2017.

Título original: *Mi mamá: la mejor*

ISBN 978-85-507-0156-1

1. Dia das mães 2. Literatura argentina 3. Livros-presente
4. Mães e filhos I. Título.

17-09340   CDD-802

Índices para catálogo sistemático:
1. <Estilo> 011.1

Todos os direitos desta edição reservados à
VERGARA & RIBA EDITORAS S.A.
Rua Cel. Lisboa, 989 | Vila Mariana
CEP 04020-041 | São Paulo | SP
Tel.| Fax: (+55 11) 4612-2866
vreditoras.com.br | editoras@vreditoras.com.br

Minha mãe é
A MELHOR

María Natalia Martínez

Tradução
Natália Chagas Máximo

Você sempre
FOI MUITO
PACIENTE.

Quando eu não conseguia dormir
e chorava sem parar,
você se mantinha
AO MEU LADO,
serena...

...ATÉ QUE CONSEGUIA
ME ACALMAR
AO CONTAR
A MILIONÉSIMA OVELHA.

Quando esparramei
meu primeiro macarrãozinho
por toda mesa,

VOCÊ SORRIU PARA MIM,

enquanto passava um pano
para limpar...

...E, COM UMA MÃO, AFAGAVA MINHA BOCHECHA.

Quando testei minhas habilidades
pulando poças d'água,
VOCÊ ME INCENTIVOU
a saltar mais alto
da próxima vez.

E, NO DIA SEGUINTE,
ME PRESENTEOU COM
GALOCHAS COLORIDAS
PARA ENFRENTAR A CHUVA.

Você sempre foi
MINHA
ADMIRADORA
MAIS FERVOROSA.

Quando corria
de um lado para o outro,
VOCÊ ME ACOMPANHAVA
e também parecia aproveitar...

...AINDA QUE,
NA REALIDADE,
SÓ QUISESSE
ME FAZER PARAR
PARA PODER
TOMAR UM POUCO DE AR.

Quando me apresentei
naquela festinha da escola,
VOCÊ ME APLAUDIU DE PÉ
na primeira fila...

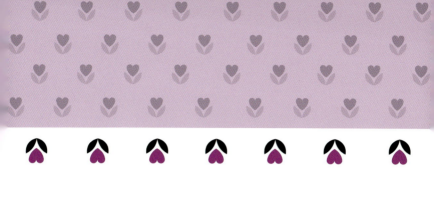

...E FEZ UM CARTAZ
COM MEU NOME,
O QUE ME FEZ
MORRER DE VERGONHA!

Quando quis ajudá-la
a decorar meu bolo
de aniversário,
você aceitou sem hesitar
E ME DEU PARABÉNS
pela minha obra de arte.

SER CRÍTICA DE ARTE NUNCA FOI SEU MELHOR TALENTO.

Quando a escuridão
da noite me assustava,
você aparecia com seus carinhos,
E TUDO SE ILUMINAVA...

...POIS, COM TEU ESCUDO PROTETOR, PODÍAMOS VENCER QUALQUER PESADELO.

Quando eu subi
alto demais em uma árvore,
VOCÊ CORREU ATÉ MIM
tão rápida quanto uma bombeira.

**VOCÊ ME AJUDOU A DESCER,
E NÓS CELEBRAMOS
ESSE GRANDE RESGATE
ENTRE ABRAÇOS,
RISOS E CHORO.**

Quando aquela aranha gigante
me fez chorar,
você me protegeu com seu
FORTE ABRAÇO...

...E, COM SEUS DONS ESPECIAIS, FEZ COM QUE AQUELE MONSTRO HORRENDO DESAPARECESSE.

Você sempre foi
MINHA GRANDE
ALIADA.

Quando chovia e eu não podia sair
e também não havia amigos
com quem pudesse brincar,
eu sempre podia contar com

SUA COMPANHIA.

NOSSA IMAGINAÇÃO NUNCA TEVE LIMITES.

Quando um dia não parecia
ser o suficiente para fazer
TUDO O QUE EU QUERIA:
ir à natação, ao cinema
e visitar meus primos...

...VOCÊ ESTAVA ALI,
COM SEUS OITO TENTÁCULOS,
DISPOSTA A TORNAR
TUDO POSSÍVEL.

Quando o papai
era firme e não queria
me deixar sair com meus amigos,
era você quem
NEGOCIAVA POR MIM...

...E NÃO SEI COMO VOCÊ FAZIA, MAS SEMPRE CONSEGUIA CONVENCÊ-LO.

Você sempre foi
MINHA
FILÓSOFA
FAVORITA.

Quando meu amor
não era correspondido,
VOCÊ ME CONSOLAVA
e me aconselhava a olhar
para outro porto...

...E AINDA ME DAVA
AS MELHORES
COORDENADAS
PARA SAIR
O MAIS RÁPIDO POSSÍVEL
DAS TEMPESTADES.

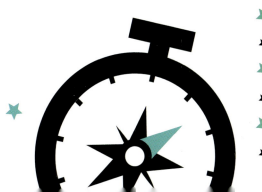

Quando briguei com
meu melhor amigo,
VOCÊ ME ENSINOU
que valia a pena dar
uma segunda chance.

E DISSE QUE,
ÀS AMIZADES VERDADEIRAS,
DEVEMOS DAR UMA TERCEIRA
E UMA QUARTA
CHANCES TAMBÉM.

Quando o cansaço
e a apatia queriam
tomar conta de mim, você

OS ESPANTAVA

e, em seguida,...

...ME LEMBRAVA DA IMPORTÂNCIA DE APROVEITAR A VIDA PLENAMENTE.

Você sempre foi

MINHA
MÉDICA
MAIS ESPECIAL.

Quando aqueles resfriados recorrentes
me pegavam
e me deixavam de cama,
você aparecia com
MEU FILME PREDILETO...

...E COM UMA SESSÃO DE COCEGUINHAS RECEITADAS ESPECIALMENTE PARA MIM.

Quando você percebia
que alguma dor física era, na verdade,
uma angústia em meu coração,
SEM FAZER
MUITAS PERGUNTAS,
você dizia para eu ir descansar...

...E SABIA QUE COM UMA ALTA DOSE DE BEIJOS E ABRAÇOS, EU ESTARIA MELHOR NO DIA SEGUINTE.

Quando entrei em pânico
porque não sabia o que vestir
em uma festa especial, você

LIGOU A SIRENE

e me colocou em
"estado de emergência".

E, EM MENOS DE CINCO MINUTOS, VOCÊ RESOLVEU MEU PROBLEMA. NAQUELA NOITE, EU ESTAVA RADIANTE.

Você sempre foi
ÚNICA
PARA MIM.

Quando nos reuníamos
com meus amigos em casa,

VOCÊ ESTAVA
SEMPRE ATENTA

para que não faltasse nada,
até cair de cansaço no sofá.

SUA ENERGIA
NÃO ERA INFINITA,
MAS SEU AMOR SIM.

Quando tive que passar
a noite toda estudando
para aquela prova tão difícil,
VOCÊ PERMANECEU
AO MEU LADO
me incentivando a não desistir...

...E EU CONSEGUI!
EU E VOCÊ MERECEMOS
AQUELA CLASSIFICAÇÃO.

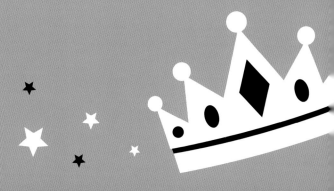

Quando percebo que
ninguém no mundo me ama,
me entende, me admira
e cuida de mim mais do que você,
me lembro de que
MÃE SÓ HÁ UMA...

...E VOCÊ É
A MELHOR DE TODAS.

SUA OPINIÃO
É MUITO IMPORTANTE

Mande um e-mail para **OPINIAO@VREDITORAS.COM.BR**
com o título deste livro no campo "Assunto".

1ª edição, abr. 2018
FONTE Intro Head R 22x27pt
Impresso na China • Printed in China
LOTE 1511/17AP13